Spooky
Su Doku

NEW YORK POST

Spooky
Su Doku

150 Difficult Puzzles

Compiled by sudokusolver.com

WILLIAM MORROW
An Imprint of HarperCollins*Publishers*

HarperCollins books may be purchased for educational, business, or
sales promotional use. For information please write: Special Markets
Department, HarperCollins Publishers, 10 East 53rd Street, New York,
NY 10022.

ISBN 978-0-06-229714-3

13 14 15 16 17   RRD   10 9 8 7 6 5 4 3 2 1

All puzzles supplied by Lydia Ade and Noah Hearle of sudokusolver.com

Book design by Susie Bell, www.f-12.co.uk

Contents

Introduction

Su Doku is a highly addictive puzzle that is always solvable using logic. It has a single rule – complete each Su Doku puzzle by entering the numbers 1 to 9 once in each row, column and 3×3 block.

Many Su Doku puzzles can be solved by using just one solving technique. In the Difficult rated Su Doku puzzle in Fig. 1, look to see where the 2 can be placed in the top left block (highlighted). All squares except one are eliminated by the 2s in the first and third rows and the 2s in the first and second columns, leaving only one possible square in which the 2 can be placed.

Fig. 1

	8	9			2		5	3
					3			8
		3		1				2
6				9	8			1
		1				3		
2			4	3				6
9				2			6	
5			1					
3	2		7			1	9	

You can apply the same technique to place a number in a row or column.

In the puzzle below, you will need a slightly harder technique that requires pencil marks. Pencil marks are small numbers, usually written at the top of each unsolved square, listing all the possible values for that square. In the first row, mark in all the pencil marks for this row (Fig. 2). One square contains only the 6 pencil mark and can now be solved.

Fig. 2

147	8	9	(6)	467	2	467	5	3
		2			3			8
	3			1				2
6				9	8			1
		1				3		
2			4	3				6
9				2			6	
5			1					
3	2		7			1	9	

Remember, every Su Doku puzzle has one unique solution, which can always be found by logic, not guesswork. You can find details on more complex solving techniques and generate Su Doku puzzles at www.sudokusolver.com.

Puzzles

	1							6
		2	7				3	
	5		3	6		2	9	
			2	3				5
	6						4	
3				8	4			
	3	1		4	5		2	
	7				2	3		
4							1	

7								4
	4			7		5	3	
	6		1	2				
			5		2	6		
	2	6		1		8	7	
		5	7		3			
				4	6		2	
	8	2		3			5	
6								8

		9			1	4	8	
			2		5	6		1
8							5	2
	8						7	4
				5				
2	9						6	
9	7							6
4		3	9		2			
	6	2	4			5		

9	7		8					2
						9		4
	8	1			5	7		
		9	4		3			1
				8				
6			1		7	2		
		8	2			5	1	
7		2						
4					8		2	9

		4				6		
8			1		6			9
	3			2			1	
4			8		7			1
	7	2				8	6	
3			6		2			4
	9			6			5	
5			3		1			2
		7				3		

Spooky

7	6				9			5
9	5							
8	2		6	5				
				1	7		2	4
			9		6			
4	7		3	8				
				3	1		5	8
							6	7
3			8				4	1

	9		3			4	8	
			8			1	7	
		6						
	4	9		8	3	1		
	3						8	
		8	5	1		9	3	
						3		
		1	9		2			
		5	7		8		4	

Spooky

	2	7	8					
						7		
			7			1	4	6
				8			9	5
8			5		3			2
6	7			2				
5	4	2			8			
		9						
					6	2	3	

			3			4	7	2
		7					1	3
	3	6			7			9
9					6	7		
				7				
		3	5					4
3			9			1	5	
2	6					9		
5	9	8			3			

Spooky

		5		4	3	7		
	1	2			7		4	
3				9			2	5
4	2							
1		3				6		4
							5	2
6	9			5				3
	3		9			4	6	
		1	3	7		5		

2			7		3			6
	5			2			7	
6				8				2
		1	6		5	4		
				7				
		4	2		8	1		
7				5				9
	8			6			5	
1			3		9			8

8		2	4					
5					9	4		3
4	7							
	3			8				
1		7	9		3	6		8
				2			5	
							1	6
7		8	3					2
					6	7		5

4				6				
					3	5	2	
	5		1				9	
	3		6				7	5
			7		8			
5	7				1		4	
	6				9		3	
	1	3	5					
				7				6

							6	
8		3		2				
		2	5		4	7	3	
		9		1		3		
	1		6		5		2	
		8		9		1		
	2	7	8		3	6		
				6		5		4
	4							

3				5				6
1								4
		5	1		6	8		
5	2			4			3	9
		4				1		
7	3			9			4	8
		9	4		8	5		
4								7
8				7				1

			7		4		9	
						8		1
			1	9			7	
1		4			6			5
		7				2		
9			4			3		7
	1			6	7			
3		9						
	6		2		3			

5			6		2		9	1
4								
				5	3			
2		1	3		6			5
		8				6		
6			5		1	3		7
			7	3				
								2
1	3		4		9			6

							7	4
			1	2		3		5
		7			4	2	8	
	7		4			8		
	6			8			5	
		2			6		3	
	1	6	9			5		
7		8		5	3			
2	9							

	9			3			1	2
6	8					5		9
					9	6	8	
			4	1		3		
2			6	7	8			1
		8		9	3			
	1	9	3					
3		4					7	5
8	5			4			9	

			6	9	5			3
						5	7	6
					7	9		
	5				6	7		
	4	1				3	6	
		6	5				2	
		8	2					
4	3	7						
9			4	6	3			

5							2	
	8			9	3			7
	7			1				5
6	3				9			8
	5		1		4	7		
2			8				3	4
8				6			5	
1			9	8			4	
	6							1

			5	3	7			
8	7		1		9		2	6
2	1			5			7	3
4	5						6	2
9	3			7			5	4
3	9		8		6		4	1
			4	1	3			

8		3				7		5
			6		3			
6		1				3		8
2		8	9		5	4		1
7		9	4		2	6		3
3		2				1		7
			2		1			
5		4				2		6

Spooky

7			8					5
3			2					
9			7			4	3	
	4		1	2			8	
		2				1		
	9			4	8		5	
	1	9			7			3
					2			8
4					1			9

Su Doku

			7		4	5		
					9	2		
1	4	9		2		6		
2	5							4
		8				3		
4							1	6
		2		4		8	5	7
		5	9					
		4	5		6			

Spooky

			9		6			
4				1				5
		1	4		5	9		
	3			9			7	
	9	6				3	5	
	1			6			2	
		2	3		7	8		
7				4				2
			6		9			

9	7					1	5	
6								9
		1			3	4		7
				7		3		
			5	6	4			
		7		1				
2		5	1			9		
7								6
	4	6					3	2

					4		3	
8	2			7		5	6	
	1		8					
6			2		5	3		
	3						5	
		8	4		1			6
					6		1	
	8	6		1			7	5
	4		3					

7	5							
9		2			3	8		
	3	8				2	6	4
	8		7					
		6	1		2	3		
				8			4	
6	2	7				4	3	
		9	3			7		2
							1	5

5				4	2			
	1	4	9	7				
	3				6			
	8					5		7
2	5						9	8
7		3					2	
			3				5	
			9	8	7	4		
			1	5				9

8						9		6
	3			9	6			
				3		4		2
						6	9	
6		2				8		7
	7	5						
5		3		8				
			5	4			2	
2		4						1

Spooky

		5					7	
2		3	8			4		
	4		6				8	3
				6		5	4	
			7	9	1			
	7	2		4				
7	3				5		1	
		1			6	7		8
	5					6		

		3	7		5	1		
			6		1			
8	7						6	5
6		5				3		7
	4	9				6	1	
1		7				9		8
7	9						3	4
			8		7			
		8	4		9	2		

9	8	6						
1					4	5		
		5	6	3				
	7	2		5	1			
5			4		6			7
			7	8		1	6	
				4	3	6		
		4	8					1
						3	9	4

	9	8	1	2		4		
				8	4			6
3			9					8
	5					3		4
8	7						9	1
4		9					7	
1					8			9
9			4	7				
		4		5	9	2	1	

			5		3		8	
7							6	4
			1	4			3	
			2				5	3
			8		4			
9	4				6			
	9			1	2			
6	3							2
	7		3		5			

		9		5		1		
		5		2		4		
3	6						9	5
7			2	8	5			9
	5						8	
6			1	4	7			2
5	3						2	1
		6		1		3		
		2		9		8		

7		6	3		5	4		2
		8				7		
9			8		2			6
			4		9			
	5						2	
			1		6			
5			2		4			9
		7				2		
3		2	5		7	8		4

3	5			4		2		1
				9			8	5
		7						
5	2				3	9		
7			5	1	9			3
		6	7				5	4
						5		
2	6			3				
8		5		7			3	2

		4		3		7		9
	7				5		6	
6				8				4
7			8			5		
		9				4		
		2			9			7
4				5				3
	3		4				7	
5		6		9		2		

			3					7
				8	4	9		
			9	2		6	8	
1		9	4				5	
	8	2				3	7	
	5				3	2		4
	6	3		1	9			
		1	6	4				
5					8			

5	6							
					9		2	8
2				8		5	7	
7			9				4	2
			7		8			
6	8				1			3
	5	7		2				4
3	4		6					
							1	5

2		3	6					5
		4		1		3		
	5				9		8	2
		1						4
	3			6			5	
7						1		
3	1		4				2	
		5		3		8		
6					2	9		3

		7			5	6		
	5		8				7	
2				3				1
8				5			6	
		1	2		9	7		
	7			8				3
7				9				6
	4				1		5	
		2	6			3		

			7				5	
				6		7		1
7		6	5		9			
9					8	3		7
	3						4	
1		8	6					9
			1		5	4		8
5		1		3				
	9				7			

			9				6	4
2	8	9						
6					3	8		5
			1					6
	3	5				7	1	
8			7					
1		4	6					8
						1	5	7
9	5			1				

			2	1			6	5
				4				2
			9	6		7		
9		5	6				1	
7		6				2		9
	8				1	6		3
		8		3	9			
5			4					
2	9			7	6			

		9				6		3
				6			9	
8			9	2				5
		5	4		6			
	9	3				5	2	
			2		5	7		
7				5	2			8
	1			4				
5		6				1		

	4		6					8
			5	7	9			
1				8		7	9	
8						2		
7	9			4			6	3
		5						4
	2	1		9				7
			7	5	3			
3					6		5	

			5		3			2
9			5		3			2
		6	8	1	2	4		
	5		7	3	8		1	
	6						3	
	2		1	4	6		9	
		3	4	5	1	8		
5			6		7			3

	9	3			6		8	
	1					6		5
		8	7					
1	2			9			6	
		9				8		
	8			6			2	1
				8	4			
3		1					9	
	4		2			3	1	

Spooky

	3		7					6
	1				8			
7			4			1	3	
3	6			7				
8		1		3		5		7
				9			1	2
	4	5			3			1
			5				8	
6					7		4	

6					4			1
		2	1					
			5	9			7	
2			7		6	9	5	
		8				1		
	5	7	9		3			6
	3			7	2			
					1	3		
1			3					8

	6		4	2				3
7					3			5
	4						2	
						2		
3		7	6		9	1		4
		9						
	9						5	
5			3					2
1				7	2		4	

9		6	8					
					9	2	3	
1				2			5	
5				1			9	
		8	5		2	3		
	9			7				5
	5			8				3
	6	1	9					
					3	9		1

						3	6	
			1	6			8	7
			4	5	8		1	
							7	2
		8	9		4	6		
5	6							
	1		3	9	2			
2	7			1	6			
	8	3						

	1						4	
	3	6		5		2	1	
5								6
7	5		2		3		9	1
		3	8		9	4		
9	4		7		5		8	2
1								4
	8	5		2		9	7	
	9						6	

Spooky

		8	2	9	1			
						2		
3					7	9	8	
9					3	1		4
1								5
5		3	8					2
	6	5	1					9
		9						
			7	6	9	3		

1		6				9		4
2								5
	4	7				3	2	
	6		2		7		5	
		4		3		8		
	9		4		8		6	
	1	5				6	3	
7								8
6		8				2		1

Spooky

9	4			2	1			
5	1						4	
	6	3						
8	9				5			
		1	4		2	7		
			1				3	9
						4	7	
	3						6	5
			7	4			9	8

	1		3	4			8	
5					2	3		6
	3			6				
	8							1
7		5				8		9
6							7	
				9			6	
8		9	2					5
	5			7	8		1	

1	4			8			5	9
			2		9			
		9	5		6	7		
7								8
		5				9		
9								1
		6	1		3	2		
			8		4			
2	3			6			1	7

2	5		1		9			
				8			9	
		8	4		6			
3	2							6
		9	7		3	4		
1							7	3
			9		4	3		
	1			6				
			8		2		4	9

4				2				3
		5			8	9		
	9		7				6	
		4		5			7	
5			6		3			4
	2			7		3		
	8				9		2	
		2	1			7		
6				8				1

65

		5	4	3	8			2
		2	7			9	4	
							7	
			6	4				3
				5				
8				9	2			
	2							
	7	9			5	1		
1			9	7	6	5		

SpookySpooky

7	2					8		5
1								9
		3	7	2				
			2	1			4	
	8			5			6	
	1			8	6			
				4	5	2		
2								4
4		8					9	1

		5	3	6			2	
				1				6
	6				7			4
	3	1						7
		9		8		4		
5						9	8	
1			2				6	
6				5				
	5			9	6	7		

				6	9		8	
9	8	5					2	
		6	5			7	4	
4			6		2	8		
6								7
		8	7		3			2
	6	4			5	2		
	5					3	7	4
	7		1	2				

5		2	8		9	4		7
		6				8		
	1			3			2	
			6		8			
4		7				6		5
			3		7			
	5			2			4	
		9				1		
2		8	1		3	5		9

	7	1	4		3	5	9	
			9		6			
	9						4	
2								1
		5	2	7	1	4		
4								7
	8						3	
			6		5			
	5	4	8		7	9	2	

				4	3			6
	3		9				7	
			8	5		1		
	9	1						2
7		6				9		5
5						3	8	
		8		2	5			
	4				1		5	
9			7	6				

					3			
		5	4			7		
	1	4		5	8	6	3	
4		7					2	
		9		8		4		
	5					1		6
	7	8	5	9		2	6	
		6			4	9		
			6					

9	8		5				1	4
1				8				9
				2	9			
		7						1
	1	3				5	2	
4						8		
			3	9				
5				1				2
3	9				6		7	5

6	7		5	1				2
					2			3
			3	9				
	6					8		4
8		1		3		2		5
3		7					1	
				5	8			
4			1					
9				6	3		2	1

9			6		8			3
		2				1		
	3			5			9	
4	2						8	6
				4				
3	1						7	9
	5			2			6	
		7				8		
8			7		9			1

3	7		5					1
			8		1			3
		9			7	2		
	5	2					4	7
				1				
6	1					5	9	
		1	3			6		
2			7		6			
8					9		3	2

		2		3			1	6
							8	
5	6	3		8		2		
		5				4		
		7	5	1	2	6		
		6				8		
		8		5		9	4	7
	3							
4	5			6		1		

Spooky

		3				5		8
			1		3			
2			5	6				1
	2	4			6		3	
		5				4		
	7		2			8	1	
7				4	5			3
			9		2			
8		6				2		

8			2	4		9		
9	5	2	3					
3		5			6			8
		4		1		5		
2			9			4		6
					3	1	5	7
		3		2	8			9

Spooky

4			2		7			5
	5			6		9	4	
	8		3					
8						1		7
	3						2	
5		2						9
					9		3	
	4	6		5			9	
3			4		1			6

	8	2	6			1		
		7	1	9		8		
							3	
7				4			2	
		9				4		
	4			8				9
	2							
		1		3	4	6		
		6			9	5	8	

2	8					3	1	
1		9			8			7
6					3			8
		2	1					
			3	2	7			
					9	7		
7			5					3
3			8			6		1
	6	8					9	2

	4	2			9	6		1
6						5	3	
1								
				9	4	7		
		4	6		2	8		
		9	8	7				
								8
	5	8						9
7		6	9			2	1	

Spooky

5	7			2				6
			6	7				9
		2				4		
			4		2		9	
8	1			9			2	4
	2		1		8			
		1				9		
2				1	6			
6				4			5	3

4							9	3
5		9		6				
					2	7	1	
	9							
	3	4	9		1	5	6	
							4	
	4	7	3					
				1		2		6
2	6							7

Spooky

		6	7	3				
								8
		7	4		8		1	
	5	3	9		1		8	
8	9						2	5
	6		8		5	1	9	
	1		2		3	9		
2								
				6	7	8		

						9		
	5			6	9			
		3	2	8		4		6
		9		2			5	
	7	2	4		6	8	9	
	6			3		1		
2		5		4	8	3		
			6	9			4	
		6						

		6				1		
	2		9		5		4	
5		4	3		1	6		7
			5	4	9			
		7				9		
			8	3	7			
4		9	2		3	8		1
	7		6		8		3	
		8				5		

	6	4				1		7
2					7	8		
7				4	1			
			7	2		4		
			3	5	8			
		3		1	4			
			1	8				9
		1	2					5
8		2				7	6	

Spooky

9				2	4			7
			8	6		4		
	6				9			
8		3		1			7	
6	4		7		8		2	9
	1			9		3		8
			9				3	
		6		4	3			
3			2	8				6

				1			6	
4			2		3			
		3			9	4		
	9	4	8		2		5	
2								6
	1		5		4	2	3	
		7	1			9		
			7		8			1
	8			2				

5								6
					6	4	7	
			1		2		3	
	9	1	4					
	4	3				5	6	
					7	8	1	
	5		8		9			
	6	4	5					
1								7

4				3			7	9
6		9	4			3		
	7		9				8	
						8	6	
7				1				3
	8	2						
	4				8		2	
		6			9	1		8
8	9			6				4

		9				4		
	4				3		5	
1		3		4		9		7
	5		6		1			
		8				1		
			3		7		8	
4		2		7		3		5
	3		2				6	
		5				8		

	9							
	3			7			1	5
			6	3	1			
		7	3		6	5		
	2	6				4	3	
		4	7		2	8		
			4	2	8			
2	6			1			4	
							9	

2	8		9			5		
4					3	1		
		3			2		6	9
1						9	7	
				9				
	6	9						5
7	4		6			2		
		2	4					8
		1			7		5	6

9		1	4					3
	4							
5		6	2		1	8		
8		3			2	9		
		2	3			1		6
		7	1		8	2		4
							5	
1					4	7		8

Spooky

2			3	8				9
	5				1	3	2	
	6							
	1		7		8			5
4								1
8			2		3		6	
							9	
	2	7	8				1	
1				9	6			2

	7		6				3	
3	6			2	1	7	4	9
	4			8				
	8							3
	2	3				4	7	
7							6	
				5			8	
2	3	7	8	4			5	1
	1				2		9	

	5	4		2	8			
8					7		4	
3					5			8
						8	7	6
1								2
2	4	8						
4			8					9
	9		5					3
			9	7		5	2	

	3		7				8	1
2	1		9			7		6
						4	3	
1	6			7				
			3	5	6			
				2			7	5
	8	1						
6		7			3		4	8
3	9				8		6	

4	6		5				3	
1							8	4
								7
3		8	9		6			
6			2		8			1
			4		7	8		9
5								
8	1							3
	9				2		5	8

1				3				
				8	1		5	6
		5			2			1
	5					1	9	
				9				
	6	4					7	
7			2			6		
2	8		7	4				
				6				9

Spooky

1	8			7				3
		9		6			2	
2	7		4			6		
			6			9		
	4		9		8		5	
		8			7			
		1			4		6	2
	9			2		3		
7				3			8	9

			7					
		7	2				3	9
4		1		3				7
			1	4			5	
	5						1	
	8			2	9			
9				6		2		4
8	2				1	5		
					2			

		7	3	4		1		
				9				
4		9			7	6		3
		5		2				4
1	3		4		8		5	6
7				6		2		
2		8	7			4		5
				5				
		6		1	4	8		

2	7			1				3
								5
		5	3		2	6		
		7	6		8	9		
5				2				7
		2	7		3	8		
		8	1		6	7		
9								
7				3			9	6

	5	4				1		
	7	3		4			8	6
6			7				3	2
			1		3	8		
	6						1	
		2	8		5			
7	3				2			9
9	2			7		3	5	
		6				7	2	

			2		8			
				9		5		
	8	4	3	7		9		
4						2		7
	6	3				4	5	
1		2						9
		7		8	6	1	3	
		6		5				
			1		9			

1		6			7			
	7					5	6	
	9					2		7
		9		6				5
	8			5			4	
2				8		9		
4		3					2	
	2	8					9	
			3			1		4

					7	6	1	3
					1	7	5	
	7	6						
			5					4
8	3						2	9
4			9					
						1	3	
	4	8	5					
3	5	1	6					

		7		4	5			
	1		6			4	9	
	3				1			6
8		2					3	
1								8
	4					1		2
6			4				5	
	7	4			6		1	
			8	3		6		

2		9						7
	7			6			8	
			4		7			3
		4	5		8	3		
	6						5	
		2	9		6	1		
1			8		3			
	4			5			2	
9						8		5

Spooky

	7				5			9
	3	2				5		
5			4				3	
	1			6	9			
		5		7		3		
			3	4			9	
	8				3			6
		7				9	8	
6			9				4	

					2			9
			6				1	8
4				8			2	
7		8			3	6		1
		4		2		5		
6		5	4			9		2
	6			5				3
5		2			1			
1			8					

					5	8	9	
8	1		3				6	4
		6	8				2	
7		9	5					
					8	5		7
	4				3	9		
3	2				9		1	6
	9	1	6					

	3	5				1	7	
		7		5		8		
	2		4		1		3	
			7	9	4			
		4				6		
			5	8	6			
	4		9		3		1	
		1		4		9		
	5	3				4	8	

			3	8				4
					4			7
2		3				5		
		9		3			4	
			2	6	1			
	6			5		2		
		2				1		5
9			5					
3				1	7			

			1	8		4		
		2		3		1		
1	6		9				3	
						8		5
4	3			2			7	1
8		6						
	1				8		4	3
		3		1		2		
		8		6	9			

3		5					6	4
	9				8		7	
			1		4			9
	7	8	6		2	9		
		6	8		1	7	2	
8			2		3			
	2		4				1	8
4	1					2		7

3	9				7	2	1	5
4		8		5				9
5							4	
1			3		8			
	2						3	
			7		2			4
	8							3
6				8		4		7
7	4	3	9				8	1

Spooky

	6	9		2				
4			1					9
			3	5		4		
5		6					8	
		4				3		
	3					2		7
		7		3	8			
8					5			4
				9		6	7	

Su Doku

5			3	9	6	1		2
9		2	5			7		
7						8		4
8				7				5
4		6						9
		5			7	9		3
6		9	4	3	8			1

Spooky

					9		5	
6	9		4	2			3	
		3			8	2		
4		6					8	
	8			7			4	
	1					7		2
		4	3			5		
	6			5	4		1	9
	3		6					

		9			5	2		
		6	9					
2							8	4
6			3		8		2	
				9				
	1		4		2			7
5	6							9
					3	8		
		2	5			6		

		6	9		3	8		
				7				
		1	2	5	4	9		
7		8				1		2
6								4
1		3				6		9
		5	8	9	6	7		
				4				
		9	7		5	4		

		5	9			8		
	9					1	3	
4	3		6					7
			5		3	9		4
				6				
3		9	8		4			
1					2		6	5
	6	3					2	
		4			6	7		

Spooky

			4		3		5	8
	2					1		3
3				6			7	
						7		5
	1						8	
4		6						
	3		8					2
6		8					9	
1	9		7		6			

2	5	8		6	4			
7	3							
1		9	8		3			
		3			8	2		9
9								8
4		5	9			3		
			5		2	1		3
							7	2
			1	8		5	9	6

	1			6			8	
4	6				9			
						2		
	3				6	9		5
6	8		9		5		2	3
7		9	2				1	
		5						
			3				9	7
	2			1			6	

		3		7		6		
6			3	1	9			2
8		2				1		3
9	5		8		2		6	4
3		7				9		8
7			1	4	3			9
		8		6		3		

		3			4		9	
1				6		2		
	6		7					5
3			6		1	8		
	1			5			4	
		8	2		3			9
9					6		2	
		6		1				3
	8		3			9		

	2	9		1	4	6		
5		4	8					
							4	
					1	5		8
8				9				2
4		1	3					
	1							
					5	8		7
		6	2	3		1	5	

3	6		4			9		7
					3			
			5		7			1
	8				5		4	
	2	4				3	8	
	3		2				6	
2			8		6			
			3					
7		8			4		9	3

7								1
		4	3		9	6		
			1	4	7			
	6	8				7	4	
2		9		5		1		6
	4	3				8	2	
			8	9	6			
		7	2		4	5		
4								8

Spooky

8	1						2	4
			5	6	2			
		6				5		
	3						9	
	5	4	7		9	1	8	
	8						4	
		9				2		
			8	4	7			
3	6						5	7

8	5			4	3			7
	3		5		1			
							5	3
5			1					9
		4				7		
6					9			4
2	1							
			7		6		2	
3			2	1			4	6

			7	1			9	4
7		2	4					
							7	
				3			5	9
4	5						8	1
3	2			5				
	7							
					1	9		5
1	3			9	5			

5		8			9	1		3
							4	
3			7	5		2		9
		1	9					4
		3		4		8		
8					3	5		
4		6		1	2			8
	8							
1		5	8			6		2

8		7	3			1		5
					7	6		
5	6							3
	4			7				9
			9		4			
1				6			5	
2							9	1
		1	6					
4		3			9	8		6

			8			9		
	5		1				8	
		8		2		6		3
1	2				6			
		7		5		4		
			4				3	6
7		2		9		3		
	4				7		9	
		6			1			

		9				4	8	
1	6		2				9	
7					9			2
		1		2			5	
			4	1	3			
	7			9		2		
9			1					8
	5				4		2	7
	1	4				9		

2	8		6			3		
9				2		8	7	
				5			4	2
3								
	6	8				2	3	
								7
5	9			7				
	2	3		1				8
		7			3		9	5

2			5				7	9
8				4		5		
	7	6			9	3		
		3						8
	2			8			9	
1						6		
		9	8			2	3	
		8		3				1
3	6				1			7

9					2			
						2		
	6						4	7
6		2	8	1			5	
	8			6			9	
	4			5	7	8		3
8	7						3	
		3						
			5					6

6								
1	2	3						
	8	9			4	3	6	
		2	5					6
	6	5				4	3	
7					8	9		
	7	8	3			6	5	
						7	2	3
								9

		6			5	8		
	3		6	8			1	
4				1				6
5							6	
	1	7				2	8	
	6							7
2				7				8
	5			6	2		3	
		4	3			9		

Spooky

148

	9	4	7			5		
7								4
		8	4			6		
1				5			3	
		5				2		
	4			6				1
		1			6	7		
4								9
		7			2	8	1	

Su Doku

5					9			
	9	8		4	3			
3		7						9
	6	1		2		9		5
4								1
7		9		5		8	6	
9						4		7
			7	9		6	5	
			6					3

Spooky

	1						2	
7		6		2			9	1
	9	5	3					
3	2	1	8					
				9				
					2	1	6	3
					9	2	7	
8	7			4		9		6
	6						1	

Solutions

1

9	1	3	4	2	8	7	5	6
6	8	2	7	5	9	4	3	1
7	5	4	3	6	1	2	9	8
1	4	8	2	3	6	9	7	5
2	6	5	1	9	7	8	4	3
3	9	7	5	8	4	1	6	2
8	3	1	9	4	5	6	2	7
5	7	9	6	1	2	3	8	4
4	2	6	8	7	3	5	1	9

2

7	1	8	3	9	5	2	6	4
2	4	9	6	7	8	5	3	1
5	6	3	1	2	4	7	8	9
1	7	4	5	8	2	6	9	3
3	2	6	4	1	9	8	7	5
8	9	5	7	6	3	4	1	2
9	5	1	8	4	6	3	2	7
4	8	2	9	3	7	1	5	6
6	3	7	2	5	1	9	4	8

3

5	2	9	6	3	1	4	8	7
7	3	4	2	8	5	6	9	1
8	1	6	7	9	4	3	5	2
3	8	5	1	2	6	9	7	4
6	4	7	8	5	9	1	2	3
2	9	1	3	4	7	8	6	5
9	7	8	5	1	3	2	4	6
4	5	3	9	6	2	7	1	8
1	6	2	4	7	8	5	3	9

4

9	7	4	8	3	6	1	5	2
5	6	3	7	2	1	9	8	4
2	8	1	9	4	5	7	6	3
8	2	9	4	5	3	6	7	1
1	3	7	6	8	2	4	9	5
6	4	5	1	9	7	2	3	8
3	9	8	2	6	4	5	1	7
7	5	2	3	1	9	8	4	6
4	1	6	5	7	8	3	2	9

5

7	1	**4**	9	8	3	**6**	2	5
8	2	5	**1**	4	**6**	7	3	**9**
6	**3**	9	7	**2**	5	4	**1**	8
4	5	6	**8**	3	**7**	2	9	**1**
9	**7**	**2**	5	1	4	**8**	**6**	3
3	8	1	**6**	9	**2**	5	7	**4**
2	**9**	3	4	**6**	8	1	**5**	7
5	6	8	**3**	7	**1**	9	4	**2**
1	4	**7**	2	5	9	**3**	8	6

6

7	**6**	3	1	2	**9**	4	8	**5**
9	**5**	1	4	7	8	6	3	2
8	**2**	4	**6**	**5**	3	7	1	9
6	3	9	5	**1**	**7**	8	**2**	**4**
1	8	2	**9**	4	**6**	5	7	3
4	**7**	5	**3**	**8**	2	1	9	6
2	4	6	7	**3**	**1**	9	**5**	8
5	1	8	2	9	4	3	**6**	**7**
3	9	7	**8**	6	5	2	**4**	**1**

7

7	9	2	3	6	4	8	1	5
4	5	3	8	9	1	7	6	2
8	1	6	2	7	5	4	9	3
5	4	9	6	8	3	1	2	7
1	3	7	4	2	9	5	8	6
6	2	8	5	1	7	9	3	4
2	8	4	1	5	6	3	7	9
3	7	1	9	4	2	6	5	8
9	6	5	7	3	8	2	4	1

8

1	2	7	8	6	4	3	5	9
4	3	6	1	9	5	7	2	8
9	5	8	7	3	2	1	4	6
2	1	3	6	8	7	4	9	5
8	9	4	5	1	3	6	7	2
6	7	5	4	2	9	8	1	3
5	4	2	3	7	8	9	6	1
3	6	9	2	4	1	5	8	7
7	8	1	9	5	6	2	3	4

9

8	5	9	3	6	1	4	7	2
4	2	7	8	9	5	6	1	3
1	3	6	2	4	7	5	8	9
9	8	5	4	3	6	7	2	1
6	4	2	1	7	8	3	9	5
7	1	3	5	2	9	8	6	4
3	7	4	9	8	2	1	5	6
2	6	1	7	5	4	9	3	8
5	9	8	6	1	3	2	4	7

10

8	6	5	2	4	3	7	9	1
9	1	2	5	8	7	3	4	6
3	7	4	6	9	1	8	2	5
4	2	9	7	6	5	1	3	8
1	5	3	8	2	9	6	7	4
7	8	6	1	3	4	9	5	2
6	9	7	4	5	8	2	1	3
5	3	8	9	1	2	4	6	7
2	4	1	3	7	6	5	8	9

11

2	9	8	7	1	3	5	4	6
4	5	3	9	2	6	8	7	1
6	1	7	5	8	4	9	3	2
8	7	1	6	9	5	4	2	3
9	3	2	4	7	1	6	8	5
5	6	4	2	3	8	1	9	7
7	4	6	8	5	2	3	1	9
3	8	9	1	6	7	2	5	4
1	2	5	3	4	9	7	6	8

12

8	9	2	4	3	1	5	6	7
5	1	6	2	7	9	4	8	3
4	7	3	5	6	8	2	9	1
2	3	5	6	8	4	1	7	9
1	4	7	9	5	3	6	2	8
6	8	9	1	2	7	3	5	4
3	5	4	7	9	2	8	1	6
7	6	8	3	1	5	9	4	2
9	2	1	8	4	6	7	3	5

13

4	9	7	2	6	5	8	1	3
6	8	1	4	9	3	5	2	7
3	5	2	1	8	7	6	9	4
1	3	8	6	2	4	9	7	5
9	2	4	7	5	8	3	6	1
5	7	6	9	3	1	2	4	8
7	6	5	8	1	9	4	3	2
2	1	3	5	4	6	7	8	9
8	4	9	3	7	2	1	5	6

14

4	9	5	3	7	1	8	6	2
8	7	3	9	2	6	4	1	5
1	6	2	5	8	4	7	3	9
2	5	9	7	1	8	3	4	6
7	1	4	6	3	5	9	2	8
6	3	8	4	9	2	1	5	7
5	2	7	8	4	3	6	9	1
3	8	1	2	6	9	5	7	4
9	4	6	1	5	7	2	8	3

15

3	8	2	7	5	4	9	1	6
1	6	7	8	2	9	3	5	4
9	4	5	1	3	6	8	7	2
5	2	8	6	4	1	7	3	9
6	9	4	3	8	7	1	2	5
7	3	1	5	9	2	6	4	8
2	7	9	4	1	8	5	6	3
4	1	3	9	6	5	2	8	7
8	5	6	2	7	3	4	9	1

16

8	5	1	7	3	4	6	9	2
7	9	3	6	5	2	8	4	1
2	4	6	1	9	8	5	7	3
1	2	4	3	7	6	9	8	5
6	3	7	5	8	9	2	1	4
9	8	5	4	2	1	3	6	7
5	1	2	9	6	7	4	3	8
3	7	9	8	4	5	1	2	6
4	6	8	2	1	3	7	5	9

17

5	8	3	6	4	2	7	9	1
4	2	9	8	1	7	5	6	3
7	1	6	9	5	3	2	4	8
2	7	1	3	9	6	4	8	5
3	5	8	2	7	4	6	1	9
6	9	4	5	8	1	3	2	7
9	6	2	7	3	8	1	5	4
8	4	7	1	6	5	9	3	2
1	3	5	4	2	9	8	7	6

18

5	2	1	3	9	8	6	7	4
6	8	4	1	2	7	3	9	5
9	3	7	5	6	4	2	8	1
1	7	9	4	3	5	8	2	6
4	6	3	2	8	9	1	5	7
8	5	2	7	1	6	4	3	9
3	1	6	9	7	2	5	4	8
7	4	8	6	5	3	9	1	2
2	9	5	8	4	1	7	6	3

19

5	9	7	8	3	6	4	1	2
6	8	1	7	2	4	5	3	9
4	3	2	1	5	9	6	8	7
9	7	5	4	1	2	3	6	8
2	4	3	6	7	8	9	5	1
1	6	8	5	9	3	7	2	4
7	1	9	3	8	5	2	4	6
3	2	4	9	6	1	8	7	5
8	5	6	2	4	7	1	9	3

20

1	7	4	6	9	5	2	8	3
3	8	9	1	4	2	5	7	6
6	2	5	3	8	7	9	4	1
2	5	3	8	1	6	7	9	4
8	4	1	7	2	9	3	6	5
7	9	6	5	3	4	1	2	8
5	6	8	2	7	1	4	3	9
4	3	7	9	5	8	6	1	2
9	1	2	4	6	3	8	5	7

21

5	9	1	6	7	8	4	2	3
4	8	2	5	9	3	1	6	7
3	7	6	4	1	2	8	9	5
6	3	4	7	2	9	5	1	8
9	5	8	1	3	4	6	7	2
2	1	7	8	5	6	9	3	4
8	4	3	2	6	1	7	5	9
1	2	5	9	8	7	3	4	6
7	6	9	3	4	5	2	8	1

22

5	4	9	2	6	8	3	1	7
6	2	1	5	3	7	4	8	9
8	7	3	1	4	9	5	2	6
2	1	6	9	5	4	8	7	3
4	5	7	3	8	1	9	6	2
9	3	8	6	7	2	1	5	4
3	9	5	8	2	6	7	4	1
7	8	2	4	1	3	6	9	5
1	6	4	7	9	5	2	3	8

23

8	9	3	1	2	4	7	6	5
4	7	5	6	8	3	9	1	2
6	2	1	7	5	9	3	4	8
2	3	8	9	6	5	4	7	1
1	4	6	3	7	8	5	2	9
7	5	9	4	1	2	6	8	3
3	8	2	5	4	6	1	9	7
9	6	7	2	3	1	8	5	4
5	1	4	8	9	7	2	3	6

24

7	6	1	8	3	4	2	9	5
3	5	4	2	1	9	8	7	6
9	2	8	7	5	6	4	3	1
5	4	6	1	2	3	9	8	7
8	3	2	9	7	5	1	6	4
1	9	7	6	4	8	3	5	2
2	1	9	5	8	7	6	4	3
6	7	3	4	9	2	5	1	8
4	8	5	3	6	1	7	2	9

25

8	2	6	**7**	1	**4**	**5**	3	9
5	3	7	8	6	**9**	**2**	4	1
1	**4**	**9**	3	**2**	5	**6**	7	8
2	**5**	1	6	3	7	9	8	**4**
6	7	**8**	4	9	1	**3**	2	5
4	9	3	2	5	8	7	**1**	**6**
9	6	**2**	1	**4**	3	**8**	**5**	**7**
7	1	**5**	**9**	8	2	4	6	3
3	8	**4**	**5**	7	**6**	1	9	2

26

3	7	5	**9**	8	**6**	2	1	4
4	8	9	7	**1**	2	6	3	**5**
6	2	**1**	**4**	3	**5**	**9**	8	7
5	**3**	4	2	**9**	8	1	**7**	6
2	**9**	**6**	1	7	4	**3**	**5**	8
8	**1**	7	5	**6**	3	4	**2**	9
9	4	**2**	**3**	5	**7**	**8**	6	1
7	6	3	8	**4**	1	5	9	**2**
1	5	8	**6**	2	**9**	7	4	3

27

9	7	4	6	8	2	1	5	3
6	5	3	7	4	1	2	8	9
8	2	1	9	5	3	4	6	7
5	6	8	2	7	9	3	4	1
3	1	2	5	6	4	7	9	8
4	9	7	3	1	8	6	2	5
2	8	5	1	3	6	9	7	4
7	3	9	4	2	5	8	1	6
1	4	6	8	9	7	5	3	2

28

7	6	9	5	2	4	1	3	8
8	2	4	1	7	3	5	6	9
5	1	3	8	6	9	2	4	7
6	7	1	2	9	5	3	8	4
4	3	2	6	8	7	9	5	1
9	5	8	4	3	1	7	2	6
2	9	5	7	4	6	8	1	3
3	8	6	9	1	2	4	7	5
1	4	7	3	5	8	6	9	2

7	5	4	8	2	6	1	9	3
9	6	2	4	1	3	8	5	7
1	3	8	9	7	5	2	6	4
3	8	1	7	4	9	5	2	6
4	9	6	1	5	2	3	7	8
2	7	5	6	3	8	9	4	1
6	2	7	5	8	1	4	3	9
5	1	9	3	6	4	7	8	2
8	4	3	2	9	7	6	1	5

5	7	9	8	4	2	3	1	6
6	1	4	9	7	3	2	8	5
8	3	2	5	1	6	9	7	4
4	8	1	6	2	9	5	3	7
2	5	6	7	3	1	4	9	8
7	9	3	4	8	5	6	2	1
9	4	8	3	6	7	1	5	2
1	6	5	2	9	8	7	4	3
3	2	7	1	5	4	8	6	9

8	2	1	4	5	7	9	3	6
4	3	7	2	9	6	1	8	5
9	5	6	1	3	8	4	7	2
1	4	8	7	2	5	6	9	3
6	9	2	3	1	4	8	5	7
3	7	5	8	6	9	2	1	4
5	1	3	6	8	2	7	4	9
7	6	9	5	4	1	3	2	8
2	8	4	9	7	3	5	6	1

8	6	5	3	2	4	1	7	9
2	9	3	8	1	7	4	6	5
1	4	7	6	5	9	2	8	3
3	1	9	2	6	8	5	4	7
5	8	4	7	9	1	3	2	6
6	7	2	5	4	3	8	9	1
7	3	6	4	8	5	9	1	2
4	2	1	9	3	6	7	5	8
9	5	8	1	7	2	6	3	4

33

2	6	3	7	4	5	1	8	9
9	5	4	6	8	1	7	2	3
8	7	1	2	9	3	4	6	5
6	8	5	9	1	2	3	4	7
3	4	9	5	7	8	6	1	2
1	2	7	3	6	4	9	5	8
7	9	2	1	5	6	8	3	4
4	3	6	8	2	7	5	9	1
5	1	8	4	3	9	2	7	6

34

9	8	6	2	1	5	4	7	3
1	2	3	9	7	4	5	8	6
7	4	5	6	3	8	9	1	2
6	7	2	3	5	1	8	4	9
5	1	8	4	9	6	2	3	7
4	3	9	7	8	2	1	6	5
2	9	7	1	4	3	6	5	8
3	5	4	8	6	9	7	2	1
8	6	1	5	2	7	3	9	4

35

6	9	8	1	2	3	4	5	7
5	1	2	7	8	4	9	3	6
3	4	7	9	6	5	1	2	8
2	5	1	8	9	7	3	6	4
8	7	6	3	4	2	5	9	1
4	3	9	5	1	6	8	7	2
1	6	5	2	3	8	7	4	9
9	2	3	4	7	1	6	8	5
7	8	4	6	5	9	2	1	3

36

4	1	9	5	6	3	2	8	7
7	5	3	9	2	8	1	6	4
2	8	6	1	4	7	9	3	5
8	6	7	2	9	1	4	5	3
3	2	1	8	5	4	7	9	6
9	4	5	7	3	6	8	2	1
5	9	4	6	1	2	3	7	8
6	3	8	4	7	9	5	1	2
1	7	2	3	8	5	6	4	9

37

8	2	9	6	5	4	1	7	3
1	7	5	3	2	9	4	6	8
3	6	4	8	7	1	2	9	5
7	4	3	2	8	5	6	1	9
2	5	1	9	3	6	7	8	4
6	9	8	1	4	7	5	3	2
5	3	7	4	6	8	9	2	1
9	8	6	5	1	2	3	4	7
4	1	2	7	9	3	8	5	6

38

7	1	6	3	9	5	4	8	2
2	3	8	6	4	1	7	9	5
9	4	5	8	7	2	1	3	6
1	7	3	4	2	9	5	6	8
6	5	4	7	8	3	9	2	1
8	2	9	1	5	6	3	4	7
5	8	1	2	3	4	6	7	9
4	6	7	9	1	8	2	5	3
3	9	2	5	6	7	8	1	4

39

3	5	9	8	4	7	2	6	1
4	1	2	3	9	6	7	8	5
6	8	7	1	5	2	3	4	9
5	2	1	4	6	3	9	7	8
7	4	8	5	1	9	6	2	3
9	3	6	7	2	8	1	5	4
1	7	3	2	8	4	5	9	6
2	6	4	9	3	5	8	1	7
8	9	5	6	7	1	4	3	2

40

2	8	4	1	3	6	7	5	9
3	7	1	9	4	5	8	6	2
6	9	5	2	8	7	1	3	4
7	6	3	8	2	4	5	9	1
8	5	9	3	7	1	4	2	6
1	4	2	5	6	9	3	8	7
4	2	7	6	5	8	9	1	3
9	3	8	4	1	2	6	7	5
5	1	6	7	9	3	2	4	8

41

9	1	8	**3**	5	6	4	2	**7**
2	7	6	1	**8**	**4**	**9**	3	5
3	4	5	**9**	**2**	7	**6**	**8**	1
1	3	**9**	**4**	7	2	8	**5**	6
4	**8**	**2**	5	6	1	**3**	**7**	9
6	**5**	7	8	9	**3**	**2**	1	**4**
7	**6**	**3**	2	**1**	9	5	4	8
8	2	**1**	**6**	**4**	5	7	9	3
5	9	4	7	3	**8**	1	6	2

42

5	**6**	8	1	7	2	4	3	9
4	7	3	5	6	**9**	1	**2**	**8**
2	9	1	3	**8**	4	**5**	**7**	6
7	1	5	**9**	3	6	8	**4**	**2**
9	3	2	**7**	4	**8**	6	5	1
6	**8**	4	2	5	**1**	7	9	**3**
1	**5**	**7**	8	**2**	3	9	6	**4**
3	**4**	9	**6**	1	5	2	8	7
8	2	6	4	9	7	3	**1**	5

43

2	9	3	6	8	4	7	1	5
8	7	4	2	1	5	3	6	9
1	5	6	3	7	9	4	8	2
5	8	1	9	2	7	6	3	4
4	3	9	8	6	1	2	5	7
7	6	2	5	4	3	1	9	8
3	1	7	4	9	8	5	2	6
9	2	5	7	3	6	8	4	1
6	4	8	1	5	2	9	7	3

44

1	9	7	4	2	5	6	3	8
3	5	4	8	1	6	2	7	9
2	6	8	9	3	7	5	4	1
8	2	9	7	5	3	1	6	4
4	3	1	2	6	9	7	8	5
6	7	5	1	8	4	9	2	3
7	8	3	5	9	2	4	1	6
9	4	6	3	7	1	8	5	2
5	1	2	6	4	8	3	9	7

45

3	1	9	7	8	2	6	5	4
8	5	2	3	6	4	7	9	1
7	4	6	5	1	9	2	8	3
9	6	4	2	5	8	3	1	7
2	3	5	9	7	1	8	4	6
1	7	8	6	4	3	5	2	9
6	2	7	1	9	5	4	3	8
5	8	1	4	3	6	9	7	2
4	9	3	8	2	7	1	6	5

46

5	1	3	9	8	7	2	6	4
2	8	9	5	4	6	3	7	1
6	4	7	1	2	3	8	9	5
7	9	2	3	1	5	4	8	6
4	3	5	2	6	8	7	1	9
8	6	1	4	7	9	5	2	3
1	7	4	6	5	2	9	3	8
3	2	6	8	9	4	1	5	7
9	5	8	7	3	1	6	4	2

47

8	4	9	2	1	7	3	6	5
6	5	7	3	8	4	1	9	2
3	2	1	9	6	5	7	8	4
9	3	5	6	4	2	8	1	7
7	1	6	8	5	3	2	4	9
4	8	2	7	9	1	6	5	3
1	7	8	5	3	9	4	2	6
5	6	3	4	2	8	9	7	1
2	9	4	1	7	6	5	3	8

48

4	2	9	5	1	7	6	8	3
3	5	7	8	6	4	2	9	1
8	6	1	9	2	3	4	7	5
2	7	5	4	3	6	8	1	9
6	9	3	7	8	1	5	2	4
1	4	8	2	9	5	7	3	6
7	3	4	1	5	2	9	6	8
9	1	2	6	4	8	3	5	7
5	8	6	3	7	9	1	4	2

49

9	**4**	7	**6**	3	1	5	2	**8**
2	8	6	**5**	**7**	**9**	3	4	1
1	5	3	4	**8**	2	**7**	**9**	6
8	3	4	9	6	7	**2**	1	5
7	**9**	2	1	**4**	5	8	**6**	**3**
6	1	**5**	3	2	8	9	7	**4**
5	**2**	**1**	8	**9**	4	6	3	**7**
4	6	9	**7**	**5**	**3**	1	8	2
3	7	8	2	1	**6**	4	**5**	9

50

2	8	5	9	6	4	3	7	1
9	4	1	**5**	7	**3**	6	8	**2**
7	3	**6**	**8**	**1**	**2**	**4**	5	9
4	**5**	9	**7**	**3**	**8**	2	**1**	6
1	**6**	8	2	9	5	7	**3**	4
3	**2**	7	**1**	**4**	**6**	5	**9**	8
6	9	**3**	**4**	**5**	**1**	**8**	2	7
5	1	2	**6**	8	**7**	9	4	**3**
8	7	4	3	2	9	1	6	5

Solutions

51

5	9	3	1	4	6	7	8	2
4	1	7	9	8	2	6	3	5
2	6	8	7	3	5	1	4	9
1	2	4	8	9	7	5	6	3
6	3	9	5	2	1	8	7	4
7	8	5	4	6	3	9	2	1
9	7	2	3	1	8	4	5	6
3	5	1	6	7	4	2	9	8
8	4	6	2	5	9	3	1	7

52

9	3	8	7	2	1	4	5	6
5	1	4	3	6	8	7	2	9
7	2	6	4	5	9	1	3	8
3	6	2	1	7	5	8	9	4
8	9	1	2	3	4	5	6	7
4	5	7	8	9	6	3	1	2
2	4	5	6	8	3	9	7	1
1	7	9	5	4	2	6	8	3
6	8	3	9	1	7	2	4	5

53

6	7	5	2	3	4	8	9	1
8	9	2	1	6	7	5	4	3
3	4	1	5	9	8	6	7	2
2	1	3	7	8	6	9	5	4
9	6	8	4	2	5	1	3	7
4	5	7	9	1	3	2	8	6
5	3	6	8	7	2	4	1	9
7	8	9	6	4	1	3	2	5
1	2	4	3	5	9	7	6	8

54

8	6	5	4	2	1	7	9	3
7	1	2	9	8	3	4	6	5
9	4	3	7	6	5	8	2	1
6	5	1	8	3	4	2	7	9
3	2	7	6	5	9	1	8	4
4	8	9	2	1	7	5	3	6
2	9	8	1	4	6	3	5	7
5	7	4	3	9	8	6	1	2
1	3	6	5	7	2	9	4	8

55

9	2	6	8	3	5	7	1	4
4	7	5	1	6	9	2	3	8
1	8	3	7	2	4	6	5	9
5	3	2	4	1	6	8	9	7
7	1	8	5	9	2	3	4	6
6	9	4	3	7	8	1	2	5
2	5	9	6	8	1	4	7	3
3	6	1	9	4	7	5	8	2
8	4	7	2	5	3	9	6	1

56

8	5	1	7	2	9	3	6	4
4	9	2	1	6	3	5	8	7
7	3	6	4	5	8	2	1	9
1	4	9	6	3	5	8	7	2
3	2	8	9	7	4	6	5	1
5	6	7	2	8	1	4	9	3
6	1	5	3	9	2	7	4	8
2	7	4	8	1	6	9	3	5
9	8	3	5	4	7	1	2	6

57

2	1	9	3	8	6	7	4	5
8	3	6	4	5	7	2	1	9
5	7	4	1	9	2	8	3	6
7	5	8	2	4	3	6	9	1
6	2	3	8	1	9	4	5	7
9	4	1	7	6	5	3	8	2
1	6	7	9	3	8	5	2	4
4	8	5	6	2	1	9	7	3
3	9	2	5	7	4	1	6	8

58

6	7	8	2	9	1	5	4	3
4	9	1	3	8	5	2	7	6
3	5	2	6	4	7	9	8	1
9	8	7	5	2	3	1	6	4
1	2	6	9	7	4	8	3	5
5	4	3	8	1	6	7	9	2
7	6	5	1	3	8	4	2	9
8	3	9	4	5	2	6	1	7
2	1	4	7	6	9	3	5	8

59

1	5	6	7	2	3	9	8	4
2	8	3	9	6	4	7	1	5
9	4	7	1	8	5	3	2	6
8	6	1	2	9	7	4	5	3
5	7	4	6	3	1	8	9	2
3	9	2	4	5	8	1	6	7
4	1	5	8	7	2	6	3	9
7	2	9	3	1	6	5	4	8
6	3	8	5	4	9	2	7	1

60

9	4	7	6	2	1	8	5	3
5	1	8	9	3	7	6	4	2
2	6	3	5	8	4	9	1	7
8	9	6	3	7	5	1	2	4
3	5	1	4	9	2	7	8	6
4	7	2	1	6	8	5	3	9
6	8	9	2	5	3	4	7	1
7	3	4	8	1	9	2	6	5
1	2	5	7	4	6	3	9	8

61

2	**1**	6	**3**	**4**	9	5	**8**	7
5	4	7	1	8	**2**	**3**	9	**6**
9	**3**	8	7	**6**	5	1	2	4
3	**8**	4	9	2	7	6	5	**1**
7	2	**5**	4	1	6	**8**	3	**9**
6	9	1	8	5	3	4	**7**	2
1	7	3	5	**9**	4	2	**6**	8
8	6	**9**	**2**	3	1	7	4	**5**
4	**5**	2	6	**7**	8	9	**1**	3

62

1	**4**	2	3	**8**	7	6	**5**	9
6	5	7	**2**	4	**9**	1	8	3
3	8	**9**	**5**	1	6	**7**	2	4
7	2	3	4	9	1	5	6	**8**
4	1	**5**	6	3	8	**9**	7	2
9	6	8	7	5	2	4	3	**1**
8	9	**6**	**1**	7	**3**	**2**	4	5
5	7	1	**8**	2	**4**	3	9	6
2	**3**	4	9	**6**	5	8	**1**	7

63

2	5	6	1	7	9	8	3	4
4	3	1	2	8	5	6	9	7
7	9	8	4	3	6	1	5	2
3	2	7	5	4	1	9	8	6
6	8	9	7	2	3	4	1	5
1	4	5	6	9	8	2	7	3
8	7	2	9	5	4	3	6	1
9	1	4	3	6	7	5	2	8
5	6	3	8	1	2	7	4	9

64

4	1	7	9	2	6	8	5	3
2	6	5	3	1	8	9	4	7
8	9	3	7	4	5	1	6	2
1	3	4	8	5	2	6	7	9
5	7	8	6	9	3	2	1	4
9	2	6	4	7	1	3	8	5
7	8	1	5	3	9	4	2	6
3	5	2	1	6	4	7	9	8
6	4	9	2	8	7	5	3	1

65

7	9	5	4	3	8	6	1	2
3	8	2	7	6	1	9	4	5
6	1	4	5	2	9	3	7	8
2	5	1	6	4	7	8	9	3
9	4	7	8	5	3	2	6	1
8	6	3	1	9	2	4	5	7
5	2	6	3	1	4	7	8	9
4	7	9	2	8	5	1	3	6
1	3	8	9	7	6	5	2	4

66

7	2	9	1	6	4	8	3	5
1	4	6	5	3	8	7	2	9
8	5	3	7	2	9	4	1	6
5	6	7	2	1	3	9	4	8
3	8	4	9	5	7	1	6	2
9	1	2	4	8	6	3	5	7
6	9	1	8	4	5	2	7	3
2	7	5	3	9	1	6	8	4
4	3	8	6	7	2	5	9	1

67

7	1	5	3	6	4	8	2	9
4	2	3	8	1	9	5	7	6
9	6	8	5	2	7	1	3	4
8	3	1	9	4	2	6	5	7
2	7	9	6	8	5	4	1	3
5	4	6	7	3	1	9	8	2
1	9	4	2	7	8	3	6	5
6	8	7	4	5	3	2	9	1
3	5	2	1	9	6	7	4	8

68

7	4	1	2	6	9	5	8	3
9	8	5	4	3	7	1	2	6
2	3	6	5	8	1	7	4	9
4	9	7	6	1	2	8	3	5
6	2	3	9	5	8	4	1	7
5	1	8	7	4	3	9	6	2
8	6	4	3	7	5	2	9	1
1	5	2	8	9	6	3	7	4
3	7	9	1	2	4	6	5	8

Su Doku

69

5	3	2	8	6	9	4	1	7
9	7	6	4	1	2	8	5	3
8	1	4	7	3	5	9	2	6
1	2	3	6	5	8	7	9	4
4	8	7	2	9	1	6	3	5
6	9	5	3	4	7	2	8	1
7	5	1	9	2	6	3	4	8
3	6	9	5	8	4	1	7	2
2	4	8	1	7	3	5	6	9

70

6	7	1	4	8	3	5	9	2
3	4	2	9	5	6	1	7	8
5	9	8	7	1	2	6	4	3
2	6	7	5	4	9	3	8	1
8	3	5	2	7	1	4	6	9
4	1	9	3	6	8	2	5	7
9	8	6	1	2	4	7	3	5
7	2	3	6	9	5	8	1	4
1	5	4	8	3	7	9	2	6

71

8	1	7	2	4	3	5	9	6
2	3	5	9	1	6	4	7	8
4	6	9	8	5	7	1	2	3
3	9	1	5	8	4	7	6	2
7	8	6	1	3	2	9	4	5
5	2	4	6	7	9	3	8	1
1	7	8	4	2	5	6	3	9
6	4	2	3	9	1	8	5	7
9	5	3	7	6	8	2	1	4

72

6	9	2	1	7	3	8	4	5
8	3	5	4	6	2	7	9	1
7	1	4	9	5	8	6	3	2
4	8	7	3	1	6	5	2	9
1	6	9	2	8	5	4	7	3
2	5	3	7	4	9	1	8	6
3	7	8	5	9	1	2	6	4
5	2	6	8	3	4	9	1	7
9	4	1	6	2	7	3	5	8

73

9	8	2	5	6	3	7	1	4
1	3	6	4	8	7	2	5	9
7	4	5	1	2	9	6	8	3
6	5	7	8	3	2	9	4	1
8	1	3	9	7	4	5	2	6
4	2	9	6	5	1	8	3	7
2	7	1	3	9	5	4	6	8
5	6	4	7	1	8	3	9	2
3	9	8	2	4	6	1	7	5

74

6	7	3	5	1	4	9	8	2
1	9	5	7	8	2	4	6	3
2	8	4	3	9	6	1	5	7
5	6	9	2	7	1	8	3	4
8	4	1	6	3	9	2	7	5
3	2	7	8	4	5	6	1	9
7	1	2	9	5	8	3	4	6
4	3	6	1	2	7	5	9	8
9	5	8	4	6	3	7	2	1

75

9	4	5	6	1	8	7	2	3
6	8	2	3	9	7	1	4	5
7	3	1	4	5	2	6	9	8
4	2	9	1	7	3	5	8	6
5	7	8	9	4	6	3	1	2
3	1	6	2	8	5	4	7	9
1	5	3	8	2	4	9	6	7
2	9	7	5	6	1	8	3	4
8	6	4	7	3	9	2	5	1

76

3	7	8	5	9	2	4	6	1
5	2	4	8	6	1	9	7	3
1	6	9	4	3	7	2	8	5
9	5	2	6	8	3	1	4	7
4	8	7	9	1	5	3	2	6
6	1	3	2	7	4	5	9	8
7	9	1	3	2	8	6	5	4
2	3	5	7	4	6	8	1	9
8	4	6	1	5	9	7	3	2

77

9	8	2	4	3	5	7	1	6
1	7	4	9	2	6	3	8	5
5	6	3	7	8	1	2	9	4
3	1	5	6	9	8	4	7	2
8	4	7	5	1	2	6	3	9
2	9	6	3	7	4	8	5	1
6	2	8	1	5	3	9	4	7
7	3	1	2	4	9	5	6	8
4	5	9	8	6	7	1	2	3

78

9	1	3	4	2	7	5	6	8
5	6	8	1	9	3	7	2	4
2	4	7	5	6	8	3	9	1
1	2	4	8	7	6	9	3	5
6	8	5	3	1	9	4	7	2
3	7	9	2	5	4	8	1	6
7	9	2	6	4	5	1	8	3
4	3	1	9	8	2	6	5	7
8	5	6	7	3	1	2	4	9

79

7	4	6	5	8	9	3	2	1
8	3	1	2	4	7	9	6	5
9	5	2	3	6	1	7	8	4
3	1	5	4	7	6	2	9	8
6	9	4	8	1	2	5	7	3
2	8	7	9	3	5	4	1	6
4	2	8	6	9	3	1	5	7
5	7	3	1	2	8	6	4	9
1	6	9	7	5	4	8	3	2

80

4	1	3	2	9	7	6	8	5
2	5	7	1	6	8	9	4	3
6	8	9	3	4	5	7	1	2
8	6	4	9	3	2	1	5	7
9	3	1	5	7	6	8	2	4
5	7	2	8	1	4	3	6	9
7	2	5	6	8	9	4	3	1
1	4	6	7	5	3	2	9	8
3	9	8	4	2	1	5	7	6

81

4	8	2	6	5	3	1	9	7
6	3	7	1	9	2	8	4	5
9	1	5	4	7	8	2	3	6
7	5	8	9	4	6	3	2	1
1	6	9	3	2	7	4	5	8
2	4	3	5	8	1	7	6	9
8	2	4	7	6	5	9	1	3
5	9	1	8	3	4	6	7	2
3	7	6	2	1	9	5	8	4

82

2	8	4	9	7	6	3	1	5
1	3	9	4	5	8	2	6	7
6	5	7	2	1	3	9	4	8
9	7	2	1	4	5	8	3	6
8	4	6	3	2	7	1	5	9
5	1	3	6	8	9	7	2	4
7	9	1	5	6	2	4	8	3
3	2	5	8	9	4	6	7	1
4	6	8	7	3	1	5	9	2

83

3	4	2	7	5	9	6	8	1
6	9	7	4	8	1	5	3	2
1	8	5	2	3	6	9	4	7
8	1	3	5	9	4	7	2	6
5	7	4	6	1	2	8	9	3
2	6	9	8	7	3	1	5	4
9	2	1	3	6	5	4	7	8
4	5	8	1	2	7	3	6	9
7	3	6	9	4	8	2	1	5

84

5	7	8	9	2	4	3	1	6
1	3	4	6	7	5	2	8	9
9	6	2	8	3	1	4	7	5
7	5	3	4	6	2	8	9	1
8	1	6	7	9	3	5	2	4
4	2	9	1	5	8	6	3	7
3	4	1	5	8	7	9	6	2
2	9	5	3	1	6	7	4	8
6	8	7	2	4	9	1	5	3

4	1	2	5	7	8	6	9	3
5	7	9	1	6	3	8	2	4
3	8	6	4	9	2	7	1	5
6	9	8	2	4	5	3	7	1
7	3	4	9	8	1	5	6	2
1	2	5	6	3	7	9	4	8
8	4	7	3	2	6	1	5	9
9	5	3	7	1	4	2	8	6
2	6	1	8	5	9	4	3	7

1	8	6	7	3	2	5	4	9
5	2	4	6	1	9	7	3	8
9	3	7	4	5	8	2	1	6
4	5	3	9	2	1	6	8	7
8	9	1	3	7	6	4	2	5
7	6	2	8	4	5	1	9	3
6	1	5	2	8	3	9	7	4
2	7	8	5	9	4	3	6	1
3	4	9	1	6	7	8	5	2

87

6	2	1	3	7	4	9	8	5
8	5	4	1	6	9	7	3	2
7	9	3	2	8	5	4	1	6
4	3	9	8	2	1	6	5	7
1	7	2	4	5	6	8	9	3
5	6	8	9	3	7	1	2	4
2	1	5	7	4	8	3	6	9
3	8	7	6	9	2	5	4	1
9	4	6	5	1	3	2	7	8

88

3	8	6	4	7	2	1	9	5
7	2	1	9	6	5	3	4	8
5	9	4	3	8	1	6	2	7
6	1	3	5	4	9	7	8	2
8	4	7	1	2	6	9	5	3
9	5	2	8	3	7	4	1	6
4	6	9	2	5	3	8	7	1
1	7	5	6	9	8	2	3	4
2	3	8	7	1	4	5	6	9

89

5	**6**	**4**	8	3	2	**1**	9	**7**
2	1	9	5	6	**7**	**8**	3	4
7	3	8	9	**4**	**1**	6	5	2
6	8	5	**7**	**2**	9	**4**	1	3
1	4	7	**3**	**5**	**8**	9	2	6
9	2	**3**	6	**1**	**4**	5	7	8
3	7	6	**1**	**8**	5	2	4	**9**
4	9	**1**	**2**	7	6	3	8	**5**
8	5	**2**	4	9	3	**7**	**6**	1

90

9	3	8	1	**2**	**4**	6	5	**7**
5	2	1	**8**	**6**	7	**4**	9	3
4	**6**	7	3	5	9	8	1	2
8	9	**3**	6	**1**	2	5	**7**	4
6	**4**	5	**7**	3	**8**	1	**2**	**9**
7	**1**	2	4	**9**	5	**3**	6	**8**
1	8	4	**9**	7	6	2	**3**	5
2	7	**6**	5	**4**	**3**	9	8	1
3	5	9	**2**	**8**	1	7	4	**6**

91

9	5	2	4	**1**	7	3	**6**	8
4	6	1	**2**	8	**3**	7	9	5
8	7	**3**	6	5	**9**	**4**	1	2
6	**9**	**4**	8	3	**2**	1	**5**	7
2	3	5	9	7	1	8	4	**6**
7	**1**	8	**5**	6	**4**	**2**	**3**	9
5	2	**7**	**1**	4	6	**9**	8	3
3	4	6	**7**	9	**8**	5	2	**1**
1	**8**	9	3	**2**	5	6	7	4

92

5	3	2	7	9	4	1	8	**6**
9	1	8	3	5	**6**	**4**	**7**	2
4	7	6	**1**	8	**2**	9	**3**	5
8	**9**	**1**	**4**	6	5	7	2	3
7	**4**	**3**	2	1	8	**5**	**6**	9
6	2	5	9	3	**7**	**8**	**1**	4
3	**5**	7	**8**	2	**9**	6	4	1
2	**6**	**4**	**5**	7	1	3	9	8
1	8	9	6	4	3	2	5	**7**

93

4	2	8	5	3	1	6	7	9
6	5	9	4	8	7	3	1	2
3	7	1	9	2	6	4	8	5
5	1	3	2	9	4	8	6	7
7	6	4	8	1	5	2	9	3
9	8	2	6	7	3	5	4	1
1	4	7	3	5	8	9	2	6
2	3	6	7	4	9	1	5	8
8	9	5	1	6	2	7	3	4

94

5	8	9	7	6	2	4	3	1
2	4	7	9	1	3	6	5	8
1	6	3	5	4	8	9	2	7
7	5	4	6	8	1	2	9	3
3	2	8	4	9	5	1	7	6
9	1	6	3	2	7	5	8	4
4	9	2	8	7	6	3	1	5
8	3	1	2	5	4	7	6	9
6	7	5	1	3	9	8	4	2

6	9	1	8	5	4	2	7	3
4	3	8	2	7	9	6	1	5
5	7	2	6	3	1	9	8	4
1	8	7	3	4	6	5	2	9
9	2	6	1	8	5	4	3	7
3	5	4	7	9	2	8	6	1
7	1	9	4	2	8	3	5	6
2	6	5	9	1	3	7	4	8
8	4	3	5	6	7	1	9	2

2	8	7	9	1	6	5	4	3
4	9	6	5	8	3	1	2	7
5	1	3	7	4	2	8	6	9
1	2	5	3	6	8	9	7	4
3	7	4	1	9	5	6	8	2
8	6	9	2	7	4	3	1	5
7	4	8	6	5	9	2	3	1
6	5	2	4	3	1	7	9	8
9	3	1	8	2	7	4	5	6

9	7	1	4	8	6	5	2	3
2	4	8	7	5	3	6	1	9
5	3	6	2	9	1	8	4	7
8	1	3	6	4	2	9	7	5
7	6	5	8	1	9	4	3	2
4	9	2	3	7	5	1	8	6
3	5	7	1	6	8	2	9	4
6	8	4	9	2	7	3	5	1
1	2	9	5	3	4	7	6	8

2	4	1	3	8	7	6	5	9
7	5	9	4	6	1	3	2	8
3	6	8	9	2	5	1	4	7
6	1	2	7	4	8	9	3	5
4	7	3	6	5	9	2	8	1
8	9	5	2	1	3	7	6	4
5	8	6	1	7	2	4	9	3
9	2	7	8	3	4	5	1	6
1	3	4	5	9	6	8	7	2

99

1	7	2	6	9	4	8	3	5
3	6	8	5	2	1	7	4	9
5	4	9	3	8	7	1	2	6
9	8	4	2	7	6	5	1	3
6	2	3	9	1	5	4	7	8
7	5	1	4	3	8	9	6	2
4	9	6	1	5	3	2	8	7
2	3	7	8	4	9	6	5	1
8	1	5	7	6	2	3	9	4

100

9	5	4	6	2	8	1	3	7
8	6	2	1	3	7	9	4	5
3	1	7	4	9	5	2	6	8
5	3	9	2	1	4	8	7	6
1	7	6	3	8	9	4	5	2
2	4	8	7	5	6	3	9	1
4	2	5	8	6	3	7	1	9
7	9	1	5	4	2	6	8	3
6	8	3	9	7	1	5	2	4

101

4	3	9	7	6	5	2	8	1
2	1	8	9	3	4	7	5	6
7	5	6	1	8	2	4	3	9
1	6	5	4	7	9	8	2	3
8	7	2	3	5	6	9	1	4
9	4	3	8	2	1	6	7	5
5	8	1	6	4	7	3	9	2
6	2	7	5	9	3	1	4	8
3	9	4	2	1	8	5	6	7

102

4	6	7	5	8	1	9	3	2
1	3	2	6	7	9	5	8	4
9	8	5	3	2	4	6	1	7
3	4	8	9	1	6	7	2	5
6	7	9	2	5	8	3	4	1
2	5	1	4	3	7	8	6	9
5	2	4	8	9	3	1	7	6
8	1	6	7	4	5	2	9	3
7	9	3	1	6	2	4	5	8

103

1	2	8	5	3	6	9	4	7
4	7	3	9	8	1	2	5	6
6	9	5	4	7	2	8	3	1
3	5	7	6	2	4	1	9	8
8	1	2	3	9	7	4	6	5
9	6	4	1	5	8	3	7	2
7	3	9	2	1	5	6	8	4
2	8	6	7	4	9	5	1	3
5	4	1	8	6	3	7	2	9

104

1	8	6	2	7	5	4	9	3
4	5	9	1	6	3	8	2	7
2	7	3	4	8	9	6	1	5
5	1	7	6	4	2	9	3	8
3	4	2	9	1	8	7	5	6
9	6	8	3	5	7	2	4	1
8	3	1	7	9	4	5	6	2
6	9	5	8	2	1	3	7	4
7	2	4	5	3	6	1	8	9

105

2	3	8	**7**	9	6	1	4	5
5	6	**7**	**2**	1	4	8	**3**	**9**
4	9	**1**	8	**3**	5	6	2	**7**
6	7	2	**1**	**4**	3	9	**5**	8
3	**5**	9	6	8	7	4	**1**	2
1	**8**	4	5	**2**	**9**	7	6	3
9	1	5	3	**6**	8	**2**	7	**4**
8	**2**	3	4	7	**1**	**5**	9	6
7	4	6	9	5	**2**	3	8	1

106

6	2	**7**	**3**	**4**	5	**1**	9	8
3	8	1	6	**9**	2	5	4	7
4	5	**9**	1	8	**7**	**6**	2	**3**
8	6	**5**	9	**2**	1	3	7	**4**
1	**3**	2	**4**	7	**8**	9	**5**	**6**
7	9	4	5	**6**	3	**2**	8	1
2	1	**8**	**7**	3	9	**4**	6	**5**
9	4	3	8	**5**	6	7	1	2
5	7	**6**	2	**1**	**4**	**8**	3	9

107

2	7	6	5	1	9	4	8	3
8	3	9	4	6	7	2	1	5
1	4	5	3	8	2	6	7	9
3	1	7	6	5	8	9	2	4
5	8	4	9	2	1	3	6	7
6	9	2	7	4	3	8	5	1
4	5	8	1	9	6	7	3	2
9	6	3	2	7	5	1	4	8
7	2	1	8	3	4	5	9	6

108

2	5	4	3	8	6	1	9	7
1	7	3	2	4	9	5	8	6
6	8	9	7	5	1	4	3	2
4	9	7	1	2	3	8	6	5
8	6	5	4	9	7	2	1	3
3	1	2	8	6	5	9	7	4
7	3	8	5	1	2	6	4	9
9	2	1	6	7	4	3	5	8
5	4	6	9	3	8	7	2	1

109

5	3	9	**2**	1	**8**	7	4	6
2	7	1	6	**9**	4	**5**	8	3
6	**8**	**4**	**3**	**7**	5	**9**	2	1
4	9	8	5	6	3	**2**	1	**7**
7	**6**	**3**	9	2	1	**4**	**5**	8
1	5	**2**	8	4	7	3	6	**9**
9	2	**7**	4	**8**	6	**1**	**3**	5
3	1	**6**	7	**5**	2	8	9	4
8	4	5	**1**	3	**9**	6	7	2

110

1	5	**6**	2	3	**7**	4	8	9
3	**7**	2	8	9	4	**5**	**6**	1
8	**9**	4	5	1	6	**2**	3	**7**
7	3	**9**	4	**6**	2	8	1	**5**
6	**8**	1	7	**5**	9	3	**4**	2
2	4	5	1	**8**	3	**9**	7	6
4	1	**3**	9	7	5	6	**2**	8
5	**2**	**8**	6	4	1	7	**9**	3
9	6	7	**3**	2	8	**1**	5	**4**

111

5	2	4	9	8	7	6	1	3
9	8	3	4	6	1	7	5	2
1	7	6	2	3	5	9	4	8
2	1	9	7	5	8	3	6	4
8	3	7	1	4	6	5	2	9
4	6	5	3	9	2	8	7	1
6	9	2	8	7	4	1	3	5
7	4	8	5	1	3	2	9	6
3	5	1	6	2	9	4	8	7

112

9	6	7	2	4	5	3	8	1
2	1	5	6	8	3	4	9	7
4	3	8	7	9	1	5	2	6
8	9	2	1	6	4	7	3	5
1	5	6	3	7	2	9	4	8
7	4	3	9	5	8	1	6	2
6	8	9	4	1	7	2	5	3
3	7	4	5	2	6	8	1	9
5	2	1	8	3	9	6	7	4

113

2	1	9	3	8	5	6	4	7
4	7	3	2	6	1	5	8	9
6	8	5	4	9	7	2	1	3
7	9	4	5	1	8	3	6	2
8	6	1	7	3	2	9	5	4
5	3	2	9	4	6	1	7	8
1	5	7	8	2	3	4	9	6
3	4	8	6	5	9	7	2	1
9	2	6	1	7	4	8	3	5

114

1	7	4	8	3	5	6	2	9
8	3	2	7	9	6	5	1	4
5	9	6	4	2	1	8	3	7
2	1	3	5	6	9	4	7	8
9	4	5	1	7	8	3	6	2
7	6	8	3	4	2	1	9	5
4	8	9	2	1	3	7	5	6
3	2	7	6	5	4	9	8	1
6	5	1	9	8	7	2	4	3

115

8	7	6	3	1	2	4	5	9
2	3	9	6	4	5	1	7	8
4	5	1	7	8	9	3	2	6
7	2	8	5	9	3	6	4	1
3	9	4	1	2	6	5	8	7
6	1	5	4	7	8	9	3	2
9	6	7	2	5	4	8	1	3
5	8	2	9	3	1	7	6	4
1	4	3	8	6	7	2	9	5

116

4	7	2	1	6	5	8	9	3
8	1	5	3	9	2	7	6	4
9	3	6	8	4	7	1	2	5
7	8	9	5	3	6	2	4	1
2	5	3	4	7	1	6	8	9
1	6	4	9	2	8	5	3	7
6	4	7	2	1	3	9	5	8
3	2	8	7	5	9	4	1	6
5	9	1	6	8	4	3	7	2

117

4	3	5	2	6	8	1	7	9
1	6	7	3	5	9	8	2	4
8	2	9	4	7	1	5	3	6
3	1	6	7	9	4	2	5	8
5	8	4	1	3	2	6	9	7
7	9	2	5	8	6	3	4	1
6	4	8	9	2	3	7	1	5
2	7	1	8	4	5	9	6	3
9	5	3	6	1	7	4	8	2

118

6	1	7	3	8	5	9	2	4
8	9	5	1	2	4	3	6	7
2	4	3	9	7	6	5	1	8
5	2	9	7	3	8	6	4	1
7	3	4	2	6	1	8	5	9
1	6	8	4	5	9	2	7	3
4	7	2	6	9	3	1	8	5
9	8	1	5	4	2	7	3	6
3	5	6	8	1	7	4	9	2

119

3	9	7	**1**	**8**	6	**4**	5	2
5	8	**2**	4	**3**	7	**1**	6	9
1	**6**	4	**9**	5	2	7	**3**	8
7	2	1	6	4	3	**8**	9	**5**
4	**3**	9	8	**2**	5	6	**7**	**1**
8	5	**6**	7	9	1	3	2	4
6	**1**	5	2	7	**8**	9	**4**	**3**
9	7	**3**	5	**1**	4	**2**	8	6
2	4	**8**	3	**6**	**9**	5	1	7

120

3	8	**5**	7	2	9	1	**6**	**4**
1	**9**	4	3	6	**8**	5	**7**	2
7	6	2	**1**	5	**4**	8	3	**9**
5	**7**	**8**	**6**	3	**2**	**9**	4	1
2	4	1	5	9	7	6	8	3
9	3	**6**	**8**	4	**1**	**7**	**2**	5
8	5	7	**2**	1	**3**	4	9	6
6	**2**	9	**4**	7	5	3	**1**	**8**
4	**1**	3	9	8	6	**2**	5	**7**

Su Doku

121

3	9	6	8	4	7	2	1	5
4	7	8	2	5	1	3	6	9
5	1	2	6	3	9	7	4	8
1	6	4	3	9	8	5	7	2
9	2	7	5	1	4	8	3	6
8	3	5	7	6	2	1	9	4
2	8	1	4	7	6	9	5	3
6	5	9	1	8	3	4	2	7
7	4	3	9	2	5	6	8	1

122

1	6	9	8	2	4	7	5	3
4	5	3	1	6	7	8	2	9
2	7	8	3	5	9	4	1	6
5	2	6	7	4	3	9	8	1
7	8	4	9	1	2	3	6	5
9	3	1	5	8	6	2	4	7
6	1	7	4	3	8	5	9	2
8	9	2	6	7	5	1	3	4
3	4	5	2	9	1	6	7	8

123

5	8	7	3	9	6	1	4	2
3	1	4	7	8	2	5	9	6
9	6	2	5	4	1	7	3	8
7	5	1	9	6	3	8	2	4
8	9	3	2	7	4	6	1	5
4	2	6	8	1	5	3	7	9
1	4	5	6	2	7	9	8	3
2	3	8	1	5	9	4	6	7
6	7	9	4	3	8	2	5	1

124

2	4	8	7	3	9	6	5	1
6	9	1	4	2	5	8	3	7
7	5	3	1	6	8	2	9	4
4	7	6	5	1	2	9	8	3
3	8	2	9	7	6	1	4	5
5	1	9	8	4	3	7	6	2
9	2	4	3	8	1	5	7	6
8	6	7	2	5	4	3	1	9
1	3	5	6	9	7	4	2	8

125

7	3	**9**	8	4	**5**	**2**	1	6
8	4	**6**	**9**	2	1	7	3	5
2	5	1	7	3	6	9	**8**	**4**
6	9	7	**3**	5	**8**	4	**2**	1
4	2	5	1	**9**	7	3	6	8
3	**1**	8	**4**	6	**2**	5	9	**7**
5	**6**	3	2	8	4	1	7	**9**
9	7	4	6	1	**3**	**8**	5	2
1	8	**2**	**5**	7	9	**6**	4	3

126

5	2	**6**	**9**	1	**3**	**8**	4	7
9	3	4	6	**7**	8	2	1	5
8	7	**1**	**2**	5	**4**	**9**	3	6
7	4	**8**	3	6	9	**1**	5	**2**
6	9	2	5	8	1	3	7	**4**
1	5	**3**	4	2	7	**6**	8	**9**
4	1	**5**	**8**	**9**	**6**	**7**	2	3
3	6	7	1	**4**	2	5	9	8
2	8	**9**	**7**	3	**5**	**4**	6	1

Solutions

127

6	1	5	9	3	7	8	4	2
7	9	8	2	4	5	1	3	6
4	3	2	6	8	1	5	9	7
2	7	6	5	1	3	9	8	4
8	4	1	7	6	9	2	5	3
3	5	9	8	2	4	6	7	1
1	8	7	4	9	2	3	6	5
5	6	3	1	7	8	4	2	9
9	2	4	3	5	6	7	1	8

128

7	6	9	4	1	3	2	5	8
8	2	4	5	7	9	1	6	3
3	5	1	2	6	8	4	7	9
9	8	3	6	2	1	7	4	5
2	1	5	3	4	7	9	8	6
4	7	6	8	9	5	3	2	1
5	3	7	9	8	4	6	1	2
6	4	8	1	3	2	5	9	7
1	9	2	7	5	6	8	3	4

129

2	5	8	7	6	4	9	3	1
7	3	4	2	1	9	6	8	5
1	6	9	8	5	3	7	2	4
6	1	3	4	7	8	2	5	9
9	2	7	6	3	5	4	1	8
4	8	5	9	2	1	3	6	7
8	7	6	5	9	2	1	4	3
5	9	1	3	4	6	8	7	2
3	4	2	1	8	7	5	9	6

130

5	1	7	4	6	2	3	8	9
4	6	2	8	3	9	7	5	1
3	9	8	7	5	1	2	4	6
2	3	4	1	8	6	9	7	5
6	8	1	9	7	5	4	2	3
7	5	9	2	4	3	6	1	8
8	7	5	6	9	4	1	3	2
1	4	6	3	2	8	5	9	7
9	2	3	5	1	7	8	6	4

131

2	1	**3**	4	**7**	8	**6**	9	5
6	8	5	**3**	**1**	**9**	4	7	**2**
4	7	9	5	2	6	8	3	1
8	6	**2**	7	9	4	**1**	5	**3**
9	**5**	1	**8**	3	**2**	7	**6**	**4**
3	4	**7**	6	5	1	**9**	2	**8**
5	3	4	9	8	7	2	1	6
7	2	6	**1**	**4**	**3**	5	8	**9**
1	9	**8**	2	**6**	5	**3**	4	7

132

7	5	**3**	1	2	**4**	6	**9**	8
1	9	4	5	**6**	8	**2**	3	7
8	**6**	2	**7**	3	9	4	1	**5**
3	4	5	**6**	9	**1**	**8**	7	2
2	**1**	9	8	**5**	7	3	**4**	6
6	7	**8**	**2**	4	**3**	1	5	**9**
9	3	7	4	8	**6**	5	**2**	1
4	2	**6**	9	**1**	5	7	8	**3**
5	**8**	1	**3**	7	2	**9**	6	4

133

3	2	9	7	1	4	6	8	5
5	6	4	8	2	3	9	7	1
1	7	8	6	5	9	2	4	3
6	9	2	4	7	1	5	3	8
8	3	7	5	9	6	4	1	2
4	5	1	3	8	2	7	6	9
7	1	5	9	4	8	3	2	6
2	4	3	1	6	5	8	9	7
9	8	6	2	3	7	1	5	4

134

3	6	1	4	8	2	9	5	7
8	7	5	9	1	3	4	2	6
9	4	2	5	6	7	8	3	1
1	8	9	6	3	5	7	4	2
6	2	4	7	9	1	3	8	5
5	3	7	2	4	8	1	6	9
2	9	3	8	7	6	5	1	4
4	1	6	3	5	9	2	7	8
7	5	8	1	2	4	6	9	3

135

7	3	2	6	8	5	4	9	1
8	1	4	3	2	9	6	5	7
6	9	5	1	4	7	3	8	2
1	6	8	9	3	2	7	4	5
2	7	9	4	5	8	1	3	6
5	4	3	7	6	1	8	2	9
3	5	1	8	9	6	2	7	4
9	8	7	2	1	4	5	6	3
4	2	6	5	7	3	9	1	8

136

8	1	5	9	7	3	6	2	4
4	9	3	5	6	2	8	7	1
2	7	6	4	1	8	5	3	9
1	3	2	6	8	4	7	9	5
6	5	4	7	3	9	1	8	2
9	8	7	1	2	5	3	4	6
7	4	9	3	5	6	2	1	8
5	2	1	8	4	7	9	6	3
3	6	8	2	9	1	4	5	7

8	5	2	6	4	3	1	9	7
7	3	9	5	8	1	4	6	2
4	6	1	9	2	7	8	5	3
5	2	3	1	7	4	6	8	9
1	9	4	8	6	2	7	3	5
6	8	7	3	5	9	2	1	4
2	1	6	4	9	5	3	7	8
9	4	8	7	3	6	5	2	1
3	7	5	2	1	8	9	4	6

5	8	3	7	1	2	6	9	4
7	1	2	4	6	9	5	3	8
6	9	4	5	8	3	1	7	2
8	6	7	1	3	4	2	5	9
4	5	9	6	2	7	3	8	1
3	2	1	9	5	8	7	4	6
9	7	5	2	4	6	8	1	3
2	4	8	3	7	1	9	6	5
1	3	6	8	9	5	4	2	7

139

5	7	8	4	2	9	1	6	3
9	1	2	6	3	8	7	4	5
3	6	4	7	5	1	2	8	9
6	5	1	9	8	7	3	2	4
7	2	3	1	4	5	8	9	6
8	4	9	2	6	3	5	1	7
4	3	6	5	1	2	9	7	8
2	8	7	3	9	6	4	5	1
1	9	5	8	7	4	6	3	2

140

8	9	7	3	2	6	1	4	5
3	1	4	5	9	7	6	8	2
5	6	2	4	8	1	9	7	3
6	4	8	2	7	5	3	1	9
7	3	5	9	1	4	2	6	8
1	2	9	8	6	3	7	5	4
2	5	6	7	3	8	4	9	1
9	8	1	6	4	2	5	3	7
4	7	3	1	5	9	8	2	6

141

2	7	1	8	6	3	9	4	5
6	5	3	1	4	9	2	8	7
4	9	8	7	2	5	6	1	3
1	2	4	3	7	6	8	5	9
3	6	7	9	5	8	4	2	1
5	8	9	4	1	2	7	3	6
7	1	2	5	9	4	3	6	8
8	4	5	6	3	7	1	9	2
9	3	6	2	8	1	5	7	4

142

2	3	9	5	7	1	4	8	6
1	6	5	2	4	8	7	9	3
7	4	8	3	6	9	5	1	2
3	9	1	6	2	7	8	5	4
5	8	2	4	1	3	6	7	9
4	7	6	8	9	5	2	3	1
9	2	7	1	5	6	3	4	8
6	5	3	9	8	4	1	2	7
8	1	4	7	3	2	9	6	5

2	8	4	6	9	7	3	5	1
9	3	5	4	2	1	8	7	6
6	7	1	3	5	8	9	4	2
3	5	9	7	8	2	6	1	4
7	6	8	1	4	5	2	3	9
1	4	2	9	3	6	5	8	7
5	9	6	8	7	4	1	2	3
4	2	3	5	1	9	7	6	8
8	1	7	2	6	3	4	9	5

2	3	4	5	6	8	1	7	9
8	9	1	7	4	3	5	2	6
5	7	6	2	1	9	3	8	4
9	4	3	6	2	5	7	1	8
6	2	5	1	8	7	4	9	3
1	8	7	3	9	4	6	5	2
4	1	9	8	7	6	2	3	5
7	5	8	4	3	2	9	6	1
3	6	2	9	5	1	8	4	7

145

9	1	7	3	4	2	6	8	5
3	5	4	7	8	6	2	1	9
2	6	8	1	9	5	3	4	7
6	3	2	8	1	9	7	5	4
7	8	5	4	6	3	1	9	2
1	4	9	2	5	7	8	6	3
8	7	6	9	2	4	5	3	1
5	9	3	6	7	1	4	2	8
4	2	1	5	3	8	9	7	6

146

6	4	7	1	3	5	2	9	8
1	2	3	6	8	9	5	4	7
5	8	9	7	2	4	3	6	1
9	1	2	5	4	3	8	7	6
8	6	5	9	1	7	4	3	2
7	3	4	2	6	8	9	1	5
2	7	8	3	9	1	6	5	4
4	9	1	8	5	6	7	2	3
3	5	6	4	7	2	1	8	9

147

1	2	6	7	4	5	8	9	3
7	3	5	6	8	9	4	1	2
4	8	9	2	1	3	5	7	6
5	4	2	8	3	7	1	6	9
3	1	7	4	9	6	2	8	5
9	6	8	5	2	1	3	4	7
2	9	3	1	7	4	6	5	8
8	5	1	9	6	2	7	3	4
6	7	4	3	5	8	9	2	1

148

6	9	4	7	1	3	5	8	2
7	2	3	6	8	5	1	9	4
5	1	8	4	2	9	6	7	3
1	6	9	2	5	8	4	3	7
3	7	5	1	9	4	2	6	8
8	4	2	3	6	7	9	5	1
2	8	1	9	3	6	7	4	5
4	5	6	8	7	1	3	2	9
9	3	7	5	4	2	8	1	6

Su Doku

149

5	1	2	8	7	9	3	4	6
6	9	8	5	4	3	7	1	2
3	4	7	2	1	6	5	8	9
8	6	1	4	2	7	9	3	5
4	5	3	9	6	8	2	7	1
7	2	9	3	5	1	8	6	4
9	8	6	1	3	5	4	2	7
1	3	4	7	9	2	6	5	8
2	7	5	6	8	4	1	9	3

150

4	1	3	9	7	6	5	2	8
7	8	6	4	2	5	3	9	1
2	9	5	3	1	8	6	4	7
3	2	1	8	6	4	7	5	9
6	5	7	1	9	3	4	8	2
9	4	8	7	5	2	1	6	3
1	3	4	6	8	9	2	7	5
8	7	2	5	4	1	9	3	6
5	6	9	2	3	7	8	1	4